Couvertures supérieure et inférieure
manquantes

PÈLERINAGE SAVOYARD

A

NOTRE-DAME DE LA SALETTE

SOUS LA PRÉSIDENCE

de S. G. Mgr l'Archevêque de Chambéry

Ire CARAVANE

les 9, 10 et 11 Septembre 1896

AVIS, HORAIRE, PROGRAMME et CANTIQUES

CHAMBÉRY, IMPRIMERIE GÉNÉRALE DE SAVOIE

Pèlerinage Savoyard

A

NOTRE-DAME DE LA SALETTE

SOUS LA PRÉSIDENCE

de S. G. Mgr l'Archevêque de Chambéry.

I.

AVIS GÉNÉRAUX

1° Les fidèles qui entreprennent un pèlerinage doivent constamment se souvenir qu'ils accomplissent avant tout un acte de foi et de religion. Ils auront à cœur de s'entretenir mutuellement dans cette pensée et d'être aussi un sujet d'édification pour toutes les personnes qui seront témoins de leur pieux voyage. Ils n'oublieront pas qu'un pèlerinage sur la Sainte Montagne de la Salette, arrosée par les larmes de la Sainte Vierge, doit être un pèlerinage de prières et de pénitence, et ils invoqueront souvent Marie sous le titre de *Réconciliatrice des Pécheurs*.

2° Les pèlerins garderont, entre eux, cette bonne et franche cordialité, ces prévenances réciproques qui sont le charme d'un voyage fait en commun par les membres d'une même famille.

Le Comité, de son côté, se considère comme engagé, vis-à-vis de chaque pèlerin, à rendre tous les bons offices qui seront en son pouvoir ; mais il compte, en retour, sur la docilité que chacun voudra bien apporter à se soumettre à toutes les dispositions qui ont été prises.

3° Les deux caravanes qui composent notre pèlerinage ont été réparties, en ce qui concerne les voyageurs de 3° classe, en dix-huit groupes de quarante (neuf par caravane). Chaque groupe est désigné par une lettre de l'alphabet qui servira à signaler le chef de groupe chargé de le diriger et le wagon du train que ce groupe devra occuper. Les chefs de groupe de la 1re caravane auront des brassards blancs, et ceux de la 2° caravane des brassards rouges.

Pour les voitures de La Mure à Corps, les groupes seront dédoublés par sections de 8, 10, 12, 25 voyageurs, selon le nombre de places que comportera chaque voiture. Cette répartition sera faite, en route, par les soins des chefs de groupe. Les pèlerins sont priés de vouloir bien s'y soumettre, pour le maintien du bon ordre, et afin d'éviter l'encombrement et les retards.

4° On ne fera aucune manifestation, ni on ne chantera dans les villes, dans les gares et pendant les arrêts des trains ou des voitures. Dans chaque wagon et dans chaque voiture, on voudra bien se conformer, pour les prières à réciter pendant le voyage, aux indications contenues dans le présent livret, qui est le même pour chaque caravane, sauf la différence de la couverture : *blanche* pour la 1re, *rouge* pour la 2e caravane.

5° A raison de l'époque avancée de la saison et de l'altitude du sanctuaire de la Salette (1.804 m.), les pèlerins sont exposés à trouver sur la montagne une température beaucoup plus basse que celle de la vallée. Les nuits surtout peuvent y être assez fraîches pour rendre nécessaires quelques précautions hygiéniques.

Chacun fera donc bien de se munir, en partant, de vêtements suffisamment chauds, pour parer à toute éventualité, surtout si le temps était pluvieux, pendant le séjour sur la Sainte Montagne.

6° Les pèlerins sont invités à emporter avec eux quelques provisions, afin de n'être pas dans l'obligation de séjourner trop longtemps à La Mure. Les voitures, qui se trouveront toutes à la gare à l'arrivée des deux trains de Saint-Georges-de-Commiers, partiront, pour la plupart, directement sur Corps. Cette précaution fera gagner du temps et permettra au pèlerinage d'arriver une heure plus tôt au sanctuaire de la Salette. On trouvera, d'ailleurs, à l'hôtellerie des Pères missionnaires et des Sœurs, tout ce qui sera nécessaire pour se réconforter et à des prix très modérés. Cependant, ceux des pèlerins qui auraient l'intention de prendre un repas, vers midi, à La Mure, pourront le faire. Des voitures resteront à leur disposition jusqu'à midi et demi. Mais ils devront faire connaître leur intention au Comité du pèlerinage avant le départ de Chambéry. Le déjeuner à La Mure est de 2 fr. 50.

7° Le Comité du pèlerinage, de concert avec les RR. PP. Missionnaires de la Salette, se charge de régler tous les frais de voyage en chemin de fer et en voiture, de Chambéry à Corps et *vice versa*. On engage donc les pèlerins à n'écouter aucune réclamation de la part des conducteurs. Le Comité remettra, lui-même, à chacun d'eux, les gratifications fixées par les usages.

Nous rappelons que les frais du voyage de Corps à la Salette sont à la charge de chaque pèlerin, ainsi que les frais de nourriture et de logement sur la Sainte Montagne. De Corps à la Salette, le prix des montures est de 3 fr. 50 (bonne main comprise) ; celui des voitures est de 4 fr. par place (bonne main comprise). Les pèlerins seuls qui en auront fait la demande d'avance au Comité, seront assurés de trouver à Corps, à leur arrivée, voitures et montures.

II

ITINÉRAIRE

Mercredi 9 septembre 1896.

6 heures 1/2 du matin. — Rendez-vous à la gare de Chambéry. Chaque pèlerin se rend auprès de son chef de groupe et prend place dans le wagon qui lui est as-

signé. La carte de chaque pèlerin porte la lettre du groupe auquel il appartient.

7 heures. — Distribution des insignes du pèlerinage. Petite croix argentée, portant au *verso* l'image de Notre-Dame de la Salette pleurant et la date du pèlerinage savoyard ; ruban *rouge* pour les hommes et ruban *bleu* pour les femmes.

7 heures 20. — Départ de Chambéry. Récitation du *De Profundis*, pour recommander, à l'exemple de Saint François de Sales, le voyage aux âmes du Purgatoire. *Litanies de la Sainte Vierge.*

7 heures 36. — Chignin-les-Marches. Les pèlerins des environs rejoignent la caravane. A droite, Notre-Dame de Myans ; à gauche, Saint-Anthelme. *Ave, maris stella ; Iste Confessor.*

7 heures 44. — Montmélian. Les pèlerins de la vallée de l'Isère prennent place dans le train. Une minute après le départ de Montmélian, passage de l'Isère ; à gauche, dans le lointain, apparition du Mont-Blanc. *Mirabilis in Altissimis Dominus !* Chant du *Magnificat.*

7 heures 59. — Pontcharra. Arrivée des pèlerins du canton de la Rochette et des environs. A gauche, la tour d'Avallon, récemment construite par les RR. PP. Chartreux. Première partie du Rosaire, récité pour le Souverain Pontife et pour l'Eglise : *Mystères joyeux.*

8 heures 40. — Lancey. A gauche, le château de M. Albert du Boys, où est mort un illustre enfant de la Savoie, Mgr Dupanloup. *De Profundis.* Deuxième partie du Rosaire : *Mystères douloureux.*

9 heures 03. — Arrivée à Grenoble. Monseigneur l'Archevêque de Chambéry, venant de Valence, rejoint le pèlerinage.

9 heures 08. — Départ de Grenoble. Troisième partie du Rosaire : *Mystères glorieux.*

9 heures 40. — Arrivée à Saint-Georges-de-Commiers. Le pèlerinage quitte le train spécial de la Cie P.-L.-M.

9 heures 42. — Départ d'un premier train (train ordinaire de Saint-Georges à La Mure). Ce premier train pourra emmener environ 150 pèlerins : la moitié des voyageurs de 2e classe et les groupes A, B, C, des 3es.

10 heures. — Départ d'un second train qui emmènera le reste de la caravane. De Saint-Georges-de-Commiers (315m d'alt.) a La Mure, le trajet, extrèmement pittoresque, se fait par une suite presque ininterrompue de tunnels et de viaducs, sur la rive droite du Drac, pendant un parcours de 15 kilomètres.

10 heures 20. — Notre-Dame-de-Commiers ; *Ave maris stella* ; première partie du Rosaire récité pour la France : *Mystères joyeux*.

10 heures 50. — La Motte-les-Bains (706m). Etablissement d'eaux thermales (60°). *Litanies* de la Sainte Vierge.

11 heures 10. — La Motte-d'Aveillan (867m) ; centre de l'exploitation des mines de charbons du bassin de La Mure. Deuxième partie du Rosaire : *Mystères douloureux*.

11 heures 25. — Peychagnard (925m). Point culminant qui domine la vallée de la Matheysine, dont le sous-sol renferme des couches inépuisables d'anthracite. Troisième partie du Rosaire : *Mystères glorieux*.

11 heures 40. — Arrivée à La Mure. Tous les pèlerins quittent le chemin de fer pour prendre les voitures qui stationneront sur la place de la gare, à l'arrivée des trains. Chacun voudra bien attendre l'appel de son groupe avant de prendre place et occuper la voiture qui lui aura été assignée. La même voiture servira au groupe, pour le retour, de Corps à La Mure.

Les hommes sont priés de laisser les places d'intérieur aux dames de leur groupe.

Midi 30 m. — Départ de La Mure ; au sortir de la ville, *De Profundis*, pour se recommander aux âmes du Purgatoire.

1 heure 30. — *Litanies* de la Sainte Vierge.

2 heures. — Première partie du Rosaire, récité pour la conversion des Pêcheurs : *Mystères joyeux*.

2 heures 30. — Deuxième partie du Rosaire : *Mystères douloureux.*

3 heures. — Troisième partie du Rosaire : *Mystères glorieux.*

3 heures 30. — *Magnificat* ; arrivée à Corps.

4 heures. — Corps (962ᵐ). Le gros de la caravane devant faire à pied le trajet de Corps à la Salette, se range en procession derrière l'étendard du pèlerinage et se met en marche sous la direction des chefs de groupe et des Pères missionnaires.

Les bagages des pèlerins sont confiés aux Missionnaires qui se chargent de les faire monter *gratuitement.* Nécessité de marquer chaque sac ou valise par une étiquette très visible.

4 heures 30. — *Magnificat* ; *Litanies* de la Sainte Vierge ; cantique nᵒ 4.

5 heures. — Première partie du Rosaire, récité pour tous les parents des pèlerins et pour les besoins du Diocèse de Chambéry. Cantique nᵒ 5.

5 heures 30. — Cantiques nᵒˢ 6 et 7, *Ave maris stella* ; 2ᵉ partie du Rosaire.

6 heures. — Troisième partie du Rosaire ; cantiques nᵒˢ 8, 9 et 10.

6 heures 30. — Cantique nᵒ 4, *Ave maris stella* ; *Magnificat.*

7 heures. — Arrivée sur la Sainte Montagne ; visite à la Basilique ; repos.

III

HORAIRE DES EXERCICES
A LA SALETTE

Mercredi 9 septembre.

7 heures 45 du soir. — Réunion à la Basilique ; prière du soir ; salut du Très Saint-Sacrement ; confessions ; coucher.

Jeudi 10 septembre.

De 4 heures à 9 heures 1/2. — Messes basses ; confessions.

6 heures 45. — Messe de communion célébrée par S. G. Monseigneur l'Archevêque ; cantiques n° 4 et n° 6.

9 heures. — Procession solennelle sur le lieu de l'apparition ; *Litanies* de la Sainte Vierge ; *Ave maris stella* ; cantique n° 5.

9 heures 30. — Grand'messe à la Basilique ; Mgr l'Archevêque y tiendra chapelle pontifical

11 heures. — Récit de l'apparition près de la fontaine miraculeuse.

2 heures 30. — Récitation solennelle du Rosaire sur le lieu de l'apparition avec commentaires des mystères ; cantiques n°s 7 et 8.

5 heures. — Chemin de la Croix sur le lieu de l'apparition, avec prédication ; cantiques n°s 9 et 10.

6 heures 30. — Réception des pèlerins de la 2e caravane ; *Magnificat* ; repos.

7 heures 45. — Exercices communs aux deux caravanes ; procession générale aux flambeaux ; *Magnificat* ; *Ave maris stella* ; cantique n° 4.

8 heures. — Salut solennel à la Basilique, présidé par S. G. Monseigneur l'Archevêque ; sermon par M. l'abbé Paravy, professeur de rhétorique au Petit Séminaire de Rumilly ; confessions.

9 heures. — Coucher. — Les exercices de la seconde caravane auront lieu le vendredi 11 septembre, dans le même ordre et aux mêmes heures que ceux indiqués ici pour la première caravane.

Vendredi 11 septembre.

4 heures 30. — Messe de départ de la première caravane.

6 heures. — Départ de la première caravane. Les pèlerins sont invités à réciter au *retour* les mêmes prières qui sont indiquées dans l'itinéraire de *l'aller*.

8 heures 30. — Arrivée à Corps.

8 heures 45. — Départ de Corps en voitures.

11 heures 30. — Arrivée à La Mure.

12 heures 10. — Départ de La Mure d'un premier train pour St-Georges (mêmes groupes que pour l'aller).

12 heures 30. — Départ d'un second train.

1 heure 41. — Arrivée à Saint-Georges du premier train.

2 heures. — Arrivée du deuxième train.

2 heures 30. — Départ de Saint-Georges-de-Commiers de la caravane entière, par train spécial de la C⁰ P.-L.-M.

2 heures 41. — Jarrie-Vizille.

3 heures 08. — Arrivée à Grenoble.

3 heures 13. — Départ de Grenoble.

4 heures 05. — Arrivée à Pontcharra.

4 heures 07. — Départ de Pontcharra.

4 heures 20. — Arrivée à Montmélian.

4 heures 2?. — Départ de Montmélian.

4 heures 28. — Arrivée aux Marches ; *Ave maris stella* ; salut à Notre-Dame de Myans.

4 heures 30. — Départ de Chignin-les-Marches.

4 heures 44. — Arrivée à Chambéry.

IV

PRIÈRES ET CANTIQUES

N° 1. — LES LITANIES DE LA SAINTE VIERGE

Kyrie, eleison.
Christe, eleison.
Kyrie, eleison.
Christe, audi nos.
Christe, exaudi nos.
Pater, de cœlis Deus, miserere nobis.
Fili Redemptor mundi Deus, miserere nobis.
Spiritus Sancte Deus, miserere nobis.
Sancta Trinitas, unus Deus, miserere nobis.
Sancta Maria, ora pro nobis.
Sancta Dei Genitrix,
Sancta Virgo virginum,
Mater Christi,
Mater divinæ gratiæ,
Mater purissima,
Mater castissima,
Mater inviolata,
Mater intemerata,
Mater amabilis,
Mater admirabilis,
Mater Creatoris,
Mater Salvatoris,
Virgo prudentissima,
Virgo veneranda,
Virgo prædicanda,
Virgo potens,
Virgo clemens,
Virgo fidelis,
Speculum justitiæ,
Sedes sapientiæ,
Causa nostræ lætitiæ,
Vas spirituale,

Ora pro nobis.

Vas honorabile,
Vas insigne devotionis,
Rosa mystica,
Turris Davidica,
Turris eburnea,
Domus aurea,
Fœderis arca,
Janua cœli,
Stella matutina,
Salus infirmorum,
Refugium peccatorum,
Consolatrix afflictorum,
Auxilium Christianorum,
Regina Angelorum,
Regina Patriacharum,
Regina Prophetarum,
Regina Apostolorum,
Regina Martyrum,
Regina Confessorum,
Regina Virginum,
Regina Sanctorum omnium,
Regina sine labe concepta,
Regina sacratissimi Rosarii,

Ora pro nobis.

Agnus Dei, qui tollis peccata mundi, parce nobis, Domino.
Agnus Dei, qui tollis peccata mundi, exaudi nos, Domine.
Agnus Dei, qui tollis peccata mundi, miserere nobis

v. Ora pro nobis, santa Dei Genitrix.
r. Ut digni efficiamur promissionibus Christi.—

OREMUS

Concede nos famulos tuos, quæsumus, Domine Deus perpetua mentis et corporis sanitate gaudere, et gloriosa beatæ Mariæ semper Virginis intercessione a præsenti liberari tristitia, et æterna perfrui lætitia. Per Christum Dominum nostrum. Amen.

Nº 2. — MAGNIFICAT

Magnificat anima mea Dominum.

Et exultavit spiritus meus, in Deo salutari meo.

Quia respexit humilitatem ancillæ suæ : ecce enim ex hoc beatam me dicent omnes generationes.

Quia fecit mihi magna qui potens est, et sanctum nomen ejus.

Et misericordia ejus a progenie in progeniés timentibus eum.

Fecit potentiam in brachio suo dispersit superbos mente cordis sui.

Deposuit potentes de sede, et exaltavit humiles.

Esurientes, implevit bonis, et divites dimisit inanes.

Suscepit Israel puerum suum, recordatus misericordiæ suæ.

Sicut locutus est ad patres nostros, Abraham et semini ejus in secula.

Gloria Patri, etc.

REFRAINS

Vierge de la Salette !
Tous nos cœurs sont à vous.
En ce saint jour de fête,
Du ciel bénissez-nous (*bis*).

Vierge, notre espérance,
Etends sur nous ton bras,
Sauve, sauve la France,
Ne l'abandonne pas (*bis*).

Nº 3. — AVE, MARIS STELLA

Ave, maris stella	Sumens illud Ave
Dei mater alma,	Gabrielis ore,
Atque semper Virgo,	Funda nos in pace,
Felix cœli porta.	Mutans Evæ nomen.

Solve vincla reis,
Profer lumen cæcis,
Mala nostra pelle,
Bona cuncta posce.

Monstra te esse matrem;
Sumat per te preces.
Qui pro nobis natus
Tulit esse tuus.

Virgo singularis,
Inter omnes mitis,

Nos culpis salutos,
Miter fac et castos.

Vitam præsta puram,
Iter para tutum ;
Ut videntes Jesum,
Semper collœtemur.

Sit Laus Deo Patri !
Summo Christo decus !
Spiritui Sancto !
Tribus honor unus !

Amen.

REFRAIN

Laudate, laudate, laudate Mariam.
Laudate, laudate, laudate Mariam.

Nº 4. — LA SAVOIE A NOTRE-DAME DE LA SALETTE

Le nom de Marie
Fut toujours pour nous,
O Mère chérie,
Le nom le plus doux.

Refrain.

Ave, ave, ave Maria !
Ave, ave, ave Maria !

Toujours nos collines
Dirent aux échos
Tes grâces divines,
Tes bienfaits nouveaux.

Toutes les mémoires,
Depuis de longs ans,
Savent tes victoires,
O Mère, à Myans. (1)

L'Aumône (2) répète
Que changer un cœur
Est l'œuvre secrète
De ton bras vainqueur.

Les Bauges altières
Vont à Bellevaux, (3)
Pour que tes prières
Aident leurs travaux.

(1) Sanctuaire célèbre de la Savoie, près Chambéry.
(2) Sanctuaire de N.-D. de l'Aumône, à Rumilly.
(3) Sanctuaire de N.-D. de Bellevaux, en Bauges.

Mais quel sanctuaire
Surpasse celui
Que la France entière
Ici t'a construit.

C'est qu'à la Salette
Ton pied s'est posé,
Ton cœur s'inquiète
Et paraît brisé.

Car tu vois la foule
Qui loin du saint lieu
En torrent s'écoule
Sans penser à Dieu.

« Pourquoi le blasphème
« Est-il répété ?
« Car Jésus vous aime :
« Il est charité. »

Pour sécher tes larmes,
La Savoie en chœur

Proclame les charmes
De ton doux Sauveur.

Fais que la prière
Soit de notre cœur
Le parfum sincère
Montant au Seigneur.

Toujours le Dimanche,
Qu'aux pieds des autels,
Notre âme se penche
Devant l'Eternel.

Fais que gardienne
De l'antique Foi,
La Savoie obtienne
Son pardon de toi.

Que Dieu nous protège
Au terme des ans,
Que dans ton cortège
Nous soyons présents.

N° 5. — L'APPARITION

Deux enfants avaient dit : « Partons pour la montagne
« Sur les plus hauts sommets nous montons aujourd'hui.
« Oh ! que le ciel est pur ! jamais sur la campagne
« Et sur les monts, jamais un plus beau jour n'a lui. »

REFRAIN

Notre-Dame de la Salette,
Vous venez du divin séjour,
Faire notre conquête !
Soyez tout notre amour. (*ter*)

Ils montaient du *Planeau* le sentier difficile,
Pauvres petits bergers ! leur cœur était joyeux.
Et bientôt, précédés de leur troupeau docile,
Sous le regard du Ciel, ils atteignent ces lieux.

Ici, vous qui croyez à l'amour d'une Mère
Dont le cœur est toujours abreuvé de douleurs !
Entendez le récit de son angoisse amère :
Vous mêlerez bientôt vos larmes à ses pleurs.

C'était son jour béni, vers le soir à cette heure
Où commence l'office en l'Eglise de Dieu,
On chantait les douleurs de la Vierge qui pleure,
Lorsqu'elle se montra pleurante en ce saint lieu.

Un enfant s'écria : « Quelle est cette lumière ! »
Et ses regards fixaient la vision de feu !
La lumière s'ouvrit ! Assise sur la pierre,
C'était vous, ô Marie, ô Mère de mon Dieu !

Ses deux mains soutenaient sa tête appesantie !
O Vierge sainte ; eh quoi ! debout près de la croix,
Ici vous fléchissez !... Mais, douleur infinie !
Du bras de l'Eternel vous supportez le poids !...

Et la Vierge se lève au sein de la lumière ;
Son front est couronné de célestes splendeurs.
Mais un mystère auguste a révélé la Mère :
Son visage apparaît tout inondé de pleurs !

Et les bergers tremblaient..... quand Marie auprès d'elle
Les appela, disant: « Venez, n'ayez pas peur !
« Enfants, je viens vous dire une grande nouvelle
« Et faire entendre à tous les plaintes de mon cœur. »

N° 6. — NOUS VOULONS DIEU !

Nous voulons Dieu, — Vierge Marie,
Prête l'oreille à nos accents.
Nous t'implorons, Mère chérie,
Viens au secours de tes enfants.

REFRAIN

Bénis, ô tendre Mère,
Ce cri de notre foi :
Nous voulons Dieu, c'est notre père,
Nous voulons Dieu, c'est notre roi.

Nous voulons Dieu ! — Ce cri de l'âme
Que nous poussons à ton autel,
Ce cri d'amour qui nous enflamme,
Par toi, qu'il monte jusqu'au ciel.

Nous voulons Dieu dans la famille,
Dans l'âme de nos chers enfants ;
Pour que la foi s'accroisse et brille
A nos foyers reconnaissants.

Nous voulons Dieu dans nos écoles,
Afin qu'on enseigne à nos fils
Sa loi, ses divines paroles,
Sous le regard du crucifix.

Nous voulons Dieu ! — Sa sainte image
Doit présider aux jugements.
Nous le voulons au mariage,
Comme au chevet de nos mourants.

Nous voulons Dieu dans notre armée,
Afin que nos jeunes soldats,
En défendant la France aimée,
Soient des héros dans les combats.

Nous voulons Dieu, pour que l'Eglise
Puisse enseigner la vérité.
Combattre l'erreur qui divise,
Prêcher à tous la charité.

Nous voulons Dieu ! — De sa loi sainte,
Jurons d'être les défenseurs,
De le servir, libres, sans crainte ;
Jusqu'à la mort, à lui nos cœurs !

Nous voulons Dieu ! — le ciel se voile,
La tempête agite les flots,
Brille sur nous, ô blanche étoile !
Conduis au port les matelots.

Nous voulons Dieu ! — Que sa clémence
Exauce nos ardents désirs ;
S'il faut du sang pour ta défense,
Seigneur, nous serons tes martyrs.

Chrétiens, notre antique alliance,
Renouons-la dans ce saint lieu.
Et crions, au nom de la France :
Oui, Dieu le veut ! — Nous voulons Dieu !

Nº 7. — JE SUIS CHRÉTIEN

Chœur.

Je suis chrétien : voilà ma gloire,
Mon espérance et mon soutien ;
Mon chant d'amour et de victoire ;
Je suis chrétien, je suis chrétien.

Je suis chrétien : à mon baptême
L'eau sainte a coulé sur mon front ;
La grâce en ce moment suprême
De mon cœur a lavé l'affront.

Je suis chrétien : J'ai Dieu pour père ;
A sa loi je veux obéir :
Avec sa grâce salutaire,
Pour lui je veux vivre et mourir.

Je suis chrétien : je suis le frère
De Jésus-Christ, le Rédempteur ;
L'aimer, le servir et lui plaire,
Fera ma gloire et mon bonheur.

Je suis chrétien : je suis le temple
Du Saint-Esprit, du Dieu d'amour ;
Celui que tout le ciel contemple
Possède mon cœur sans retour.

Je suis chrétien : ô sainte Eglise,
Je suis devenu votre enfant ;
Plein d'amour, d'une foi soumise
Je suivrai votre enseignement.

Je suis chrétien : j'ai pour bannière
La croix de mon divin Sauveur ;
Mes ennemis me font la guerre ;
Mais je me ris de leur fureur.

Je suis chrétien : j'aime Marie,
Au ciel j'irai la voir un jour :
En Dieu je trouverai la vie,
La paix, le bonheur et l'amour.

N° 8. — CHANT NATIONAL AU SACRÉ CŒUR

Divin Jésus, notre appui, notre père,
Toi, la splendeur de la Terre et du Ciel,
Daigne abriter dans ton cœur tutélaire
Ces cœurs français entourant ton autel.

Refrain.

Dieu de clémence,
Dieu protecteur,
Sauvez Rome et la France *} bis.*
Au nom du Sacré Cœur.

Un cri d'amour et de reconnaissance,
Vers toi s'élève, ô divin protecteur !
Est-il bienfaits que l'Eglise et la France
N'aient recueillis de ton aimable Cœur.

Mais c'est trop peu de retracer encore,
O Cœur divin ! tes immenses bienfaits :
Ton peuple, hélas ! de nouveau les implore,
Comme chrétien, catholique et Français.

O Cœur sacré, seul espoir de la France,
D'un Dieu vengeur, apaise le courroux ;
A nos regards, fais briller l'espérance,
En nous montrant un Ciel propice et doux,

Et vous, Marie, ô Mère secourable !
Dont nous venons vénérer les douleurs,
Ne cessez pas, pour le France coupable,
Au Cœur sacré, de présenter vos pleurs.

Mère d'amour, Vierge de la Salette,
Voyez-nous tous pleurant à vos genoux ;
Calmez l'orage, écartez la tempête,
Priez, priez pour l'Eglise et pour nous.

Nº 9. — CATHOLIQUE ET FRANÇAIS

Chœur.

O Marie ! ô Mère chérie !
Garde au cœur des Français la foi des anciens jours.
Entends du haut du ciel le cri de la Patrie,   *bis.*
Catholique et Français toujours.

De la France, ô sainte Patronne,
Notre-Dame du Sacré Cœur,
Reine si puissante et si bonne,
Rends-nous la joie et le bonheur.

Entends la voix de notre France,
Ecoute ses cris déchirants,
O Vierge, sois son espérance,
Rends ses étendards triomphants.

Donne à notre chère Patrie
La paix, la gloire et le bonheur.
Tu la vois sanglante et flétrie,
Calme ses maux et sa douleur.

O Vierge en pleurs, sois notre guide ;
Ton peuple ne veut pas périr,
Ecrase un ennemi perfide,
Empêche la foi de mourir.

Nº 10. — LE CIEL, PRIX DES BONNES ŒUVRES

Le Ciel en est le prix !
Vierge de la Salette,
Il sera ma conquête,
Vous me l'avez promis !
Le Ciel (*ter*) en est le prix !
                    (*bis*)

Le Ciel en est le prix !
Mais écoutez ma plainte,
Observez la loi sainte
Que vous donna mon Fils.
Le Ciel (*ter*) en est le prix !
(*bis*)

Le Ciel en est le prix !
Son courroux te menace !
Rends-moi, pécheur, de grâce,
Le jour où tu m'as pris !
Le Ciel (*ter*) en est le prix !
(*bis*)

Le Ciel en est le prix !
Au nom que tout adore !
Et qu'on blasphème encore.
Chrétiens, plus de mépris !
Le Ciel (*ter*) en est le prix !
(*bis*)

Le Ciel en est le prix !
Soyez, sur cette terre,
Des enfants de prière,
Et vous serez bénis !
Le Ciel (*ter*) en est le prix !
(*bis*)

Le Ciel en est le prix !
Mais faites pénitence ;
Au Dieu que l'on offense
Portez des cœurs contrits.
Le Ciel (*ter*) en est le prix !
(*bis*)

Le Ciel en est le prix !
Au repentir je donne
L'immortelle couronne
Au sein du Paradis !
Le Ciel (*ter*) en est le prix !
(*bis*)

Chambéry. — Imprimerie Générale de ação e